LE LIVRE DE LA VÉRITÉ

OU

CATÉCHISME

RELIGIEUX ET POLITIQUE

D'UN VRAI RÉPUBLICAIN.

OÙ SONT DÉMONTRÉES LES LOIS FONDAMENTALES DE L'ÉTAT SOCIAL, LES DROITS DU CITOYEN, SES DEVOIRS ENVERS LA RÉPUBLIQUE ET CEUX DE LA RÉPUBLIQUE ENVERS LUI, LE CULTE QUE L'HOMME DOIT A L'ÊTRE SUPRÊME, CULTE DÉGAGÉ DE TOUT CHARLATANISME, DE TOUTE SUPERSTITION, FONDÉ UNIQUEMENT SUR LES LUMIÈRES DE LA RAISON.

PAR UN OUVRIER.

SAINT-GAUDENS

CHEZ J.M. TAJAN, IMPRIMEUR-LIBRAIRE.

1848

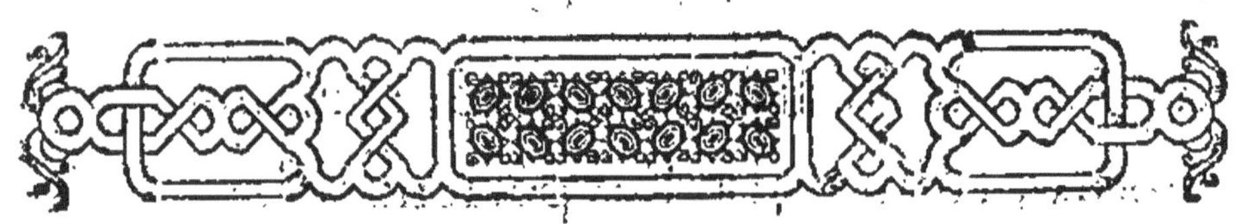

PRÉFACE.

Le moment est venu de dire la vérité et de la dire tout entière. Quand il s'agit de fonder un nouvel ordre de choses; quand il s'agit de reconstruire la société, c'est sur les fondements de l'édifice que doit plus particulièrement se porter l'attention de l'architecte. Le vieil édifice social élevé sur la superstition et l'ignorance tombe en ruines de toutes parts, il faut le reconstruire. Mais de même qu'un habile archi- tecte sait mettre à profit une partie des matériaux de l'édifice écroulé, sachons, nous aussi, profiter de l'expérience des siècles écoulés. Interrogeons les annales de l'histoire; prenons dans les institutions des divers peuples celles qui ont été dictées par un esprit de sagesse, celles qui ont contribué au bonheur des masses. L'histoire des temps passés est une mine inépuisable qui renferme tous les trésors de l'esprit humain : car ce serait une folie de croire que la nature humaine soit changée; elle est et elle sera toujours la même. Dans tous les siècles, dans tous les temps il y a eu des hommes qui ont connu leurs droits, qui ont gémi de la tyrannie que des hommes exerçaient contre des hommes, et qui ont protesté contre leurs usurpations. C'est donc dans les minorités que nous devons chercher à nous instruire, c'est dans les partis de l'opposition que nous trouverons le plus souvent la vérité; car il est un fait incontestable et à déplorer dans l'espèce humaine, c'est que la plupart des hommes se laissent séduire et entraîner parce que l'homme est naturellemeut confiant et bon, ce qui le met pour ainsi dire à la merci du méchant. C'est ce qui peut seul nous expliquer la fortune et les succès inouïs de ces hommes audacieux qui, en politique et en religion, ont subjugué l'espèce humaine.

Instruisons-nous par l'expérience des temps passés, glanons dans ce champ immence, mais laissons de côté toute mauvaise semence et apportons un soin scrupuleux à séparer l'ivraie du bon grain.

La vérité est une, elle n'emprunte point de déguisement et il est facile de la reconnaître quel que soit le masque qu'on lui donne. Prenons-la dans son état de pureté, c'est-à-dire remontons aux premiers âges du monde avant que de fausses institutions, des lois vicieuses n'aient obscurci son éclat. Ne perdons pas de vue que l'homme a toujours cherché à asservir l'homme et que c'est de cette source que découlent toutes les injustices qui ont désolé le monde.

Dans l'origine il n'y avait ni rois, ni prêtres. Pourquoi des rois? Tous les hommes étaient égaux, tous avaient les mêmes droits. S'ils se donnèrent des chefs pour veiller au bien commun, ils se réservèrent le droit de les révoquer. Leur autorité n'était que passagère et empruntée; la seule véritable résidait dans le peuple et la royauté naquit de l'usurpation.

Pourquoi des prêtres? Chaque homme (Dieu lui-même l'avait gravé dans son cœur) savait ce qu'il devait à Dieu. Nul n'avait besoin de son semblable pour s'acquitter de ses devoirs envers son créateur. Si par la suite on crut convenable de rendre à Dieu un culte public pour le rendre plus solennel, on dût choisir des prêtres pour présider au culte comme on avait choisi des chefs pour présider au gouvernement.

Qu'on ne vienne donc plus nous parler de rois par la grâce de Dieu, ni de prêtres ayant une mission divine. Tout homme peut être roi, tout homme peut être prêtre si le peuple lui confère ces charges. Tous les hommes sont égaux devant Dieu. Nul privilège n'existe devant lui autre que celui du mérite et de la vertu. Qu'on ne vienne plus nous parler de sacrements (pour me servir du langage des prêtres) conférant un caractère ineffaçable. Qu'on relègue ces absurdités au rang des fables. Dieu a formé l'homme tel qu'il le voulait, ce n'est pas au prêtre à le refaire. Qu'on consente enfin à nous parler le langage de la raison.

Ne nous y trompons pas, le genre humain secoue les langes de l'enfance pour revêtir la robe virile. Il ne s'agit donc plus de l'entretenir de contes de fées, de l'amuser par des histoires fabuleuses, de l'intimider par le récit de miracles et de visions qui n'existèrent jamais. Il faut, si nous ne voulons tomber dans le ridicule, lui dire la vérité et rien que la vérité.

Qui serait assez insensé pour prêcher l'anarchie? Qui ignore qu'un état ne saurait subsister sans un gouvernement? Mais ce gouvernement c'est le peuple lui-même, c'est la nation tout entière qui a seul droit de le constituer et de le dissoudre. Que les potentats changent donc de langage et de style, qu'ils ne se disent plus les élus de Dieu, mais les élus du peuple, car Dieu a laissé à chaque peuple le droit et la liberté de se choisir tel ou tel mode de gouvernement qui lui convient.

Les prêtres pas plus que les rois n'ont été prédestinés. Ils sont nés nos égaux. Les fonctions qu'ils exercent leur ont été conférées par la société, et c'est en son nom qu'ils doivent les remplir. S'ils veulent qu'on ait foi en leur parole; s'ils veulent que leur ministère soit respecté, qu'ils laissent de côté toute superstition, tout charlatanisme, pour ne prêcher que la vérité qui est toujours une comme la raison. Qu'ils s'empressent de renoncer à ces droits ridicules qu'ils ont usurpés, et au lieu de prêcher leurs privilèges, leurs prérogatives auxqu'elles nous ne voulons pas croire, qu'ils nous prêchent la vertu : c'est-à-dire, qu'au lieu d'être bigots, superstitieux et fanatiques, ils deviennent philosophes. Qu'ils renoncent à damner les neuf dixièmes du genre humain; qu'ils ne voient plus de parias dans le monde, mais une famille de frères ayant également droit à la tendresse et à la sollicitude du père céleste qui est dans le ciel.

DE LA RÉPUBLIQUE.

D. Qu'est-ce que la république?

R. La république, c'est le règne de la justice, l'abolition de la tyrannie et des privilèges qui en découlent. La république, c'est le gouvernement de tous pour tous et au profit de tous sans aucune exclusion. La république, c'est le seul mode de gouvernement qui n'offense point la dignité de l'homme et qui soit à la hauteur de sa raison.

D. Pourquoi dites-vous que la république est le règne de la justice?

R. Parce que sous les autres modes de

gouvernement le peuple est asservi et do-
miné par une classe de privilégiés qui, par
leurs protections et leurs faveurs consacrent
les injustices les plus criantes, font gagner
des procès injustes, font exempter du
service militaire des citoyens qui étaient
aptes à le· faire, écartent des emplois des
hommes dignes et capables et y appellent
leurs créatures, leurs courtisans, êtres vils
et méprisables qui se sont dégradés à force
de ramper ; tandis que sous un gouvernement républicain les places, les emplois
sont conférés au concours ou par voie d'é-
lection, ce qui est le vrai moyen de les
remettre en des mains sûres et capables.

D. Qu'entendez-vous par l'abolition de
la tyrannie et des privilèges ?

R. J'entends le renversement de tout
pouvoir, de toute autorité qui n'émanent
point du peuple, qui n'ont point été créés
par lui. De ce nombre sont, la royauté
qui n'est qu'une usurpation du fort sur les

droits du faible ; l'hérédité des emplois qui est une absurdité révoltante, comme si la capacité pouvait se transmettre par l naissance et était acquise à une caste, de ce nombre enfin tous les privilèges qui ne sont qu'une insulte au bon sens public, un blasphême contre le saint-dogme de l'égalité.

D. Comment la république est-elle le gouvernement de tous, pour tous, et au profit de tous ?

R. En ce que dans une république tous les citoyens concourent à constituer le pouvoir qui est électif ; en ce que tous peuvent y être appelés sans distinction de rang ni de fortune ; en ce que ceux qui exercent l'autorité ne l'exercent que pour un temps limité et sous une sévère responsabilité ; en ce que la nation peut les révoquer si leur patriotisme devient douteux ; en ce que celui qui accepte des fonctions publiques doit être dévoué au bien commun et résolu à se sacrifier s'il le faut, car il ne pourrait les conserver qu'à ce prix.

D. Pourquoi dites-vous que la réplublique est le seul mode de gouvernement qui n'offense point la dignité de l'homme et qui soit à la hauteur de sa raison ?

R. Parce que les autres modes de gouvernement foulant aux pieds le saint dogme de l'égalité entre tous les membres de la famille humaine, établissent diverses classes d'hommes dans la société, tandis qu'elle ne doit être composée que de citoyens et de frères ; parce que selon le droit naturel, et il n'en existe point d'autre, et c'est le seul qui soit consulté dans une république, nul homme ne peut exercer d'autorité sur ses frères s'ils ne lui en ont donné le mandat, s'ils ne l'ont eux-mêmes constitué au-dessus d'eux.

D. Etes-vous républicain ?

R. Oui, je le suis de corps et d'âme.

DES DEVOIRS DU RÉPUBLICAIN.

D. Quels sont les devoirs du républicain?

R. L'amour de la patrie, le dévouement à la cause de l'humanité, l'abnégation de soi-même.

D. En quoi consiste l'amour de la patrie?

R. Un citoyen doit aimer sa patrie comme un enfant aime sa mère, comme un époux chérit son épouse. Il doit l'aimer plus que lui-même, car la patrie est avant tout, il doit, s'il le faut, verser son sang pour elle, et mourir pour son salut. Un citoyen doit aimer sa nationalité comme la prunelle de son œil; il doit être fier du nom de sa patrie et travailler toute sa vie à l'exalter.

D. A quoi nous oblige le dévouement à la cause de l'humanité?

R. A combattre de toutes nos forces contre le despotisme qui, sous mille formes diverses, asservit l'humanité, à propager avec zèle les saines doctrines, à déchirer le voile avec lequel la superstition et l'ignorance ont caché la vraie lumière, à contribuer chacun dans sa sphère et selon ses moyens à réédifier une nouvelle société sur les ruines de l'ancienne que l'on ne peut considérer que comme l'enfance du genre humain.

D. Qu'est-ce que l'abnégation de soi-même?

R. C'est le sacrifice de l'intérêt personnel au bien public ; c'est la vertu spéciale du républicain ; c'est le plus bel ornement du sage, du philosophe ; c'est la vertu qui fait les grands hommes ; c'est l'apanage des grandes âmes. L'abnégation de soi-même est le commencement de toutes les vertus et le plus haut degré de perfection auquel il soit donné à l'homme d'atteindre sur la terre. C'est elle qui fait renoncer à une vie paisible et tranquille ; c'est elle qui arrache à leurs foyers d'illustres et héroïques citoyens pour les porter sur la scène politique où grondent tant d'orages, où les plus éminents services sont souvent payés par la plus noire ingratitude et quelquefois par l'échafaud.

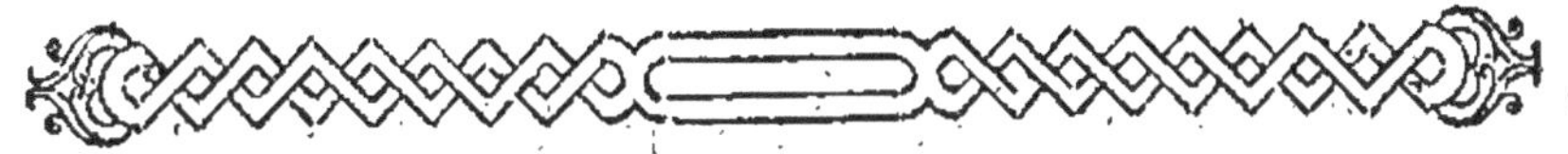

DES VERTUS DU RÉPUBLICAIN.

D. Quelles sont les vertus qui distinguent un vrai républicain ?

R. Elles sont de deux sortes : privées et publiques.

D. Quelles sont les vertus privées ?

R. La frugalité, l'économie, l'amour du travail, la propreté, la tempérance et la piété filiale.

D. Qu'est-ce que la frugalité ?

R. La frugalité consiste à s'accoutumer à une vie sobre, à ne pas rechercher les mets savoureux et succulents, à manger seulement pour vivre et non à vivre pour manger ce qui est indigne d'un être raisonnable. Un républicain vertueux ne doit point s'adonner à la bonne chère car elle énerve le le corps et l'âme, tandis qu'une vie sobre et frugale donne de la vigueur aux membres et de la force à l'esprit. Les vapeurs de la bonne chère obscurcissent l'entendement, et la somptuosité des repas a toujours été un signe infaillible de la décadence des nations. Elle engendre la misère dans les familles, et quand l'abondance s'en va la discorde ne tarde pas à arriver.

D. Qu'est-ce que l'économie?

R. L'économie est la mère de la richesse; elle amène avec elle la paix, la tranquillité, l'union et tous les biens qui rendent le citoyen heureux. L'économie apprend à se contenter de peu ; fille de la prudence, elle porte sa pensée vers l'avenir et thésaurise pour les jours malheureux. L'homme économe ne se trouve jamais en défaut, le prodigue au contraire est sans cesse tyrannisé

par la misère, des besoins toujours renais-
sants le tourmentent nuit et jour, et le
bonheur s'enfuit loin de lui.

D. A quoi nous oblige l'amour du travail?

R. A nous attacher chacun à notre pro-
fession comme un amant s'attache à celle
que son cœur désire, à l'exercer avec goût
et amour propre, à lui consacrer tout le
temps destiné au travail que nous devons
considéter comme un devoir sacré puisque
la raison nous apprend que si nous voulons
consommer nous devons produire, et que
le citoyen qui vit saus travailler est un
membre inutile dans la société, un ver pa
rasite qui ronge l'arbre qui lui a donné la
vie. L'amour du travail honore l'homme
et le rend indépendant.

D. Qu'est-ce que la propreté ?

R, La propreté distingue l'homme civilisé
du sauvage; elle embellit la demeure du
pauvre et rend la misère moins hideuse.

Elle entretient la santé et prévient un grand nombre de maladies, elle relève la dignité de l'homme.

D. Quel est l'effet de la tempérance ?

R. De régler les penchants, de tenir l'homme au-dessus de tous les désirs immodérés, de le maintenir maître de lui-même afin qu'il puisse se gouverner selon la sa-sagesse, et non se laisser emporter par la fougue des passions.

D. Qu'est-ce que la piété filiale ?

R. C'est l'amour, la tendresse, l'attachement que tous les membres d'une famille se doivent les uns aux autres. Cette vertu oblige le père envers le fils, le fils envers le père, et ne fait de tous qu'un cœur et qu'une âme. La piété filiale est le lien sacré de la famille ; elle en fait la force et la sûreté. L'isolement ne produit que faiblesse, l'union au contraire engendre la force.

D. Quelles sont les vertus publiques ?

R. On peut les réduire à la justice et à la philantropie qui les renferment toutes parcequ'elles embrassent toutes les actions utiles à la société, tous les actes du citoyen se rapportant à cet axiome divin : « Ne fais » pas à autrui le mal que tu ne voudrais » pas qu'il te fît, et fais-lui le bien que tu » voudrais en recevoir ».

D. Qu'est-ce que la justice ?

R. C'est le respect de la propriété et l'inviolabilité de la conscience. Tous les désordres de la société tirent leur source de la transgression de ses règles. Si tous les hommes étaient probes et consciencieux, on ne verrait ni disputes, ni querelles, ni procès, ni guerres, fléaux qui désolent l'humanité, et que le règne seul de la justice peut extirper du monde. Les préceptes de la justice, de l'observation desquels dépend l'ordre social ont été gravés par l'être suprême au fond de tous les cœurs. L'homme le plus simple sait distinguer le juste de l'injustice, c'est-à-dire le bien du mal. Tous ont une conscience qui se récrie devant une mauvaise action. Tous accordent leur estime au citoyen probe et vertueux, et la refusent au méchant.

D. Qu'est-ce que la philantropie?

R. C'est l'amour de nos frères, l'amour de l'humanité. Il n'a point pour limites les murailles d'un patrimoine, les frontières d'un état, il s'étend à tous les membres de la famille humaine. Il fait un devoir à tout républicain de travailler avec zèle au triomphe des doctrines libérales, les seules qui puissent faire le bonheur du genre humain. La philantropie c'est ce lien sacré qui unit tous les peuples en un faisceau, qui en forme une croisade pour écraser les despotes et les oppresseurs. La philantropie est mère de la charité, de la compassion, de l'humanité, de la bienfaisance et de tant d'autres vertus dont le but est de soulager

celui qui souffre, de consoler celui qui pleure.
La philantropie applique un baume à toute
sorte de douleurs, et il n'en est point qu'elle
ne puisse calmer.

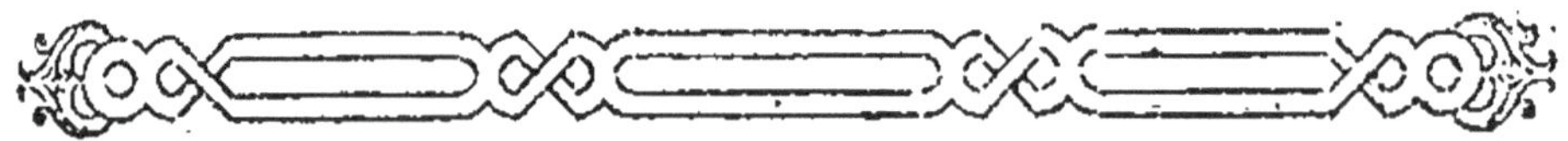

DES VERTUS CIVIQUES.

D. N'y a-t-il point aussi des vertus civiques?

R. Ce sont celles qui ont pour objet les devoirs du citoyen envers sa patrie.

D. Comment les appellez vous?

R. Le courage, le désintéressement et le zèle pour le bien public.

D. Qu'est-ce que le courage?

R. Le courage c'est ce dévouement qui fait affronter le péril. Il conduit le guerrier sur le champ de bataille, le précipite sur l'ennemi et lui fait remporter la victoire. Il inspire à l'orateur cette mâle éloquence qui assure le triomphe de la vérité, et lui fait braver les invectives et les menaces des méchants. Il donne au magistrat la force de remplir ses devoirs au péril même de sa vie. Le courage élève l'homme et agrandit ses facultés. Devant une volonté ferme et énergique tous les obstacles disparaissent et la constance vient à bout des entreprises les plus difficiles.

D. Qu'est-ce que le désintéressement?

R. Le désintéressement est l'apanage des grandes âmes, il ennoblit le cœur tandis que la cupidité le dégrade. Il doit être la première vertu de tout fonctionnaire. Seul il peut répondre de la justice, de l'intégrité d'un administrateur. Il consiste à faire de l'intérêt personnel un sacrifice à l'intérêt public, il apprend au citoyen qu'il se doit à la patrie et qu'il doit renoncer à tout pour la servir.

D. Qu'est-ce que le zèle pour le bien public?

R. C'est un saint attachement à la chose

publique, un vif désir de la voir prospérer.

D. Quelles sont les obligations que nous impose ce zèle ?

R. D'entretenir l'enthousiasme, de combattre les alarmistes, d'inspirer la confiance dans les institutions républicaines, de surveiller les manœuvres de leurs ennemis, de les signaler à l'autorité et de prêter volontairement notre appui pour les déjouer.

D. A quoi nous oblige-t-il encore ?

R. A travailler toute notre vie à améliorer la société et à faire triompher les principes démocratiques qui peuvent seuls l'asseoir sur les bases de l'équité.

D. Le zèle pour la chose publique ne nous impose-t-il pas un autre devoir ?

R. Oui, et il est des plus importants.

D. Quel est ce devoir ?

R. C'est de signaler au gouvernement les employés indignes ; ceux dont la moralité ne peut point servir d'exemple ; ceux qui exercent leurs fonctions sans patriotisme ;

ceux qui en abusent pour commettre des injustices; ceux qui n'ont d'autre mobile que l'intérêt et l'égoïsme. Ces indignes citoyens compromettent les intérêts et la dignité de la république. C'est un devoir pour tout bon patriote de provoquer leur destitution afin qu'ils soient remplacés par des hommes recommandables par leur mérite.

DE LA DEVISE DU RÉPUBLICAIN.

D. Quelle est la dévise du républicain ?

R. Elle est sublime comme son auteur qui est le Christ. En trois mots elle exprime ce que doit être l'état social.

D. Dites cette dévise ?

R. Ces trois mots divins sont : Liberté, Égalité, Fraternité. Ils furent la devise et la règle des premiers chrétiens avant que la corruption n'infectât la doctrine de leur maître. Plus tard la célèbre société des francs-maçons l'adopta et la conserva intacte dans ses loges.

D. Qu'est-ce que la liberté ?

R. La liberté, c'est cet état d'indépendance dans lequel l'homme a été créé n'ayant été assujetti à aucun de ses semblables. C'est un bien aussi précieux que la vie. L'homme qui le laisse arracher est indigne de vivre. Nul n'a droit de commander, d'exercer une autorité s'il n'en a été investi par le peuple. Dans l'origine les premiers habitants de la terre vécurent dans une entière indépendance les uns des autres; mais la famille humaine venant à se multiplier, la société se forma et il fallut dans l'intérêt de sa conservation créer des chefs pour veiller à son salut. La première autorité fut donc conférée par le consentement du peuple, et celle-là seule est légitime qui émane de lui. A mesure que le genre humain se multiplia il fallut faire des lois pour le maintien de l'ordre et la répression du vice. Ces lois furent soumises à l'approbation du peuple qui les sanctionna, de sorte que la loi est l'expression de la volonté du peuple, et que la liberté bien entendue consiste à n'être soumis qu'à la loi.

D. N'y a-t-il point des lois injustes ?

R. Il y en a, ce sont celles qui ont été établies par des despotes, ce sont celles qui consacrent des privilèges qui ne sont qu'une usurpation sur les droits du peuple, un attentat à l'égalité. Mais dans une véritable république ces lois sont abrogées de fait, la loi pour être juste ne devant faire acception de personne, mais étant la même pour tous les citoyens.

D. N'y a-t-il point des hommes qui entendent la liberté d'une autre manière ?

R. Des insensés, des malfaiteurs prennent la liberté pour la licence. Ils voudraient paralyser la loi qui est la sauvegarde de la société et se livrer à la dévastation, au vol, au pillage et à toute sorte de forfaits. Cette liberté n'est point celle de l'homme, mais bien celle du tigre dans le désert.

D. Quelle est donc la vraie liberté ?

R. La vraie liberté, la seule digne de l'homme, est inséparable de l'ordre et de la justice ; elle ne s'appuie que sur la loi, elle garantit au citoyen la liberté des cultes, la liberté de la presse, le droit de réunion, le droit d'association, le droit de pétition, le droit d'élection.

D. Qu'est-ce que la liberté des cultes ?

R. C'est la faculté de professer la religion dont on fait choix et si l'on veut de n'en professer aucune. C'est en un mot une tolérance illimitée en matière de religion. C'est une égale protection accordée à tous les cultes sans établir de distintion entre eux.

D. Qu'est-ce que la liberté de la presse ?

R. C'est le droit d'émettre ses opinions politiques ou religieuses, le droit de signaler les abus de l'autorité, le droit de faire imprimer et de livrer au public toutes sortes d'écrits pourvu qu'ils ne soient point contraires aux lois et à la morale.

D. Qu'est-ce que le droit de réunion ?

R. C'est le droit de se réunir pour s'entretenir de la chose publique, pour aviser aux moyens de détruire les abus, pour proposer des améliorations ; c'est autrement dit le droit de former des clubs.

D. Que doivent être les clubs ?

R. Les clubs ne doivent faire de tout un peuple qu'une sentinelle éclairée pour veiller au bien être de la nation et au maintien de son indépendance et de sa liberté. Les clubs ne doivent être qu'une réunion paisible de citoyens cherchant à s'instruire et toujours prêts à seconder le gouvernement pourvu qu'il n'abandonne pas la cause du peuple, et à le renverser s'il ne répond pas au vœu de la nation.

D. Qu'est-ce que le droit d'association ?

R. C'est la faculté que doit avoir tout citoyen de s'associer à ses frères pour exercer toute industrie, pour exploiter toute branche de commerce qui ne seraient pas interdites par la loi.

Qu'est-ce que le droit de pétition?

R. Le droit de pétition consiste à pouvoir présenter à l'assemblée nationale et à tous ses délégués dans les diverses administrations les sujets de plainte que l'on pourrait avoir contre les fonctionnaires publics, à pouvoir poursuivre la répression des abus et des injustices qu'ils pourraient se permettre dans la gestion de leurs emplois, à pouvoir proposer des changements, des améliorations qui intéressent la chose publique.

D. En quoi consiste le doit d'élection?

R. A appeler indistinctement tous les citoyens pauvres et riches, savants et ignorants à voter dans les assemblées qui doivent élire les représentants du peuple. Il consiste en ce que tout citoyen capable peut être revêtu des fonctions publiques.

D. Quel est le devoir du citoyen dans les élections ?

R. De fermer l'oreille à t oute sorte de

de sollicitations et d'exercer son vote avec une entière indépendance. Il doit prendre des informations sur le eompte des candidats qui paraissent avoir le plus dè chances à l'élection, et choisir parmi eux les plus énergiques et les plus désintéressés. Sans énergie et sans force d'âmè un représentant se laisse gagner par tous les partis, et sans désintéressement il ne songe qu'à faire ses affaires et non celles de la nation.

Nul citoyen ne doit perdre de vue que la dignité et la prospérité de la république dépendent des élections. Il est du devoir de tous d'écarter les hommes ambitieux et cupides, quelle que puisse être leur capacité, et de réunir leurs suffrages en faveur de ces hommes de savoir et de conviction que leur vertu et teur modestie tiennent à l'écart et qui ne consentiraient jamais à renoncer aux douceurs de la vie privée que par amour du bien public. Ceux-là, qu'ils soient riches ou pauvres, prêtres ou laïques, doivent être les élus du peuple. Ceux-là travailleront avec dévouement à son bonheur. Ceux-là ne se laisseront jamais ni corrompre ni intimider, et mourront, s'il le faut, à leur poste plutôt que d'être infidèles à leur mandat.

D. Qu'est-ce que l'Égalité ?

R. C'est l'abolition des privilèges ; c'est l'organisation de la société au profit de tous et non pour le bonheur d'une classe d'oisifs et de fainéants qui s'engraissent des sueurs du peuple, qui prodiguent les fruits de son travail, et qui semblent insulter à sa misère par leur somptuosité qui consomme tout sans rien produire. l'Égalité, c'est l'obligation pour tout citoyen de travailler au bien commun. C'est la proscription de l'égoïsme, la république n'étant qu'une famille de frères, et tous les membres d'une famille étant liés par des devoirs réciproques. L'Égalité, c'est la juste répartition de l'impôt qui doit être prélevé sur l'excédent du revenu et non sur ce qui est indispensable à l'existence du citoyen. L'Égalité c'est l'uniformité de la loi qui doit protéger de son égide le pauvre contre le riche et le riche contre le pauvre. L'Égalité, en un mot, c'est le rétablissement de l'homme dans sa première indépendance et le renversement des usurpations que l'homme avait faites sur l'homme, usurpations que le temps et l'ignorance avaient consacrées et que des prêtres coupables avaient revêtues de l'imposante sanction de la religion. Voilà la véritable, la juste égalité celle que doivent désirer et exiger les honnêtes citoyens.

D. N'y a-t-il point une autre égalité?

R. Oui, mais celle-là est monstrueuse. Toujours dans la nature le mal est à côté du bien. Des épines environnent la plus belle des fleurs. De même qu'il y a la rose des jardins et la rose des bois, il y a aussi une égalité sauvage. Celle-ci ne prêche que troubles, que dévastations, que pillages, tandis que sa sœur aime avant tout l'ordre et la justice. La fausse égalité demande depuis bien des siècles le partage des biens, l'égalité des fortunes. C'est demander l'impossible, c'est demander le renversement de la société. La richesse est le produit de la bonne conduite, du travail, de l'économie, des spéculations commerciales. Elle entretient une émulation salutaire. Celui qui n'est pas riche cherche à le devenir en travaillant, en économisant. Une égalité de fortunes produirait la paresse et avant peu la famine. Le partage des biens serait un crime, la plus criante de toutes les injustices. De quel droit dépouiller celui qui possède? De quel droit enlever au fils les économies de son père? De quel droit chasser les enfants de la maison paternelle? Cette égalité, lors même qu'elle pourrait s'établir, combien de temps durerait-elle? Du jour au lendemain. Tous les hommes ne se ressemblent pas, ils n'ont pas les mêmes inclinations, les mêmes désirs. Les uns sont prodigues, les autres économes. Les uns aiment la paresse, les autres le travail. Les uns vendent, les autres achètent. Vouloir s'opposer à cet état de choses ce serait tuer la liberté. La juste égalité, la seule vraie, la seule possible c'est celle qui constitue l'indépendance du citoyen, et qui lui assure les moyens de parvenir aux fonctions publiques quelle que soit sa position sociale. Pourquoi l'enfant du pauvre doit-il être deshérité? Quelle est la tache originelle qu'il peut apporter en naissant? Dans les monarchies c'est la pauvreté. Mais une république bien organisée adopte tous ses enfants sans distinction. Mère prévoyante et pleine de sollicitude, elle distribue également le bienfait de l'éducation au fils du pauvre comme à celui du riche; elle envisage l'homme et non sa fortune; elle assure à tous la protection des lois et les moyens de vivre en travaillant.

D. D'où peut être venue l'idée extravagante d'un partage général des biens?

R. De l'indignation qu'inspirent à des âmes de feu, à des âmes généreuses, mais peu réfléchies, les fortunes mal acquises; celles qui sont le produit de l'usure, du vol ou de coupables spéculations sur la sueur du pauvre. Du mauvais usage que la plupart des riches font de leur fortune, ayant des entrailles de fer pour l'indigent, tandis qu'ils ne refusent rien à leurs passions.

D. Y a-t-il beaucoup de fortunes mal acquises?

R. Il faut le dire à la honte du genre humain, elles sont nombreuses. Il y en a qui sont un vrai scandale, une insulte à la moralité publique. L'état ne saurait prendre des mesures trop-sévères pour réprimer ces gens éhontés qui veulent s'enrichir à tout prix.

D. Qu'est-ce que la Fraternité ?

R. C'est une divinité-protectrice du genre humain qui verse un baume céleste sur toutes les blessures. C'est une tendre mère qui a des consolations pour tous ses enfans qu'elle tient unis par les liens du sang et de l'amour. Elle apprend à l'homme que tous ses semblables sont ses frères et qu'il leur doit à tous aide et protection dans le malheur. La fraternité transforme la société en une famille dont tous les membres sont solidaires les uns des autres. Le riche se doit au pauvre, le pauvre au riche et l'état à tous. Là où règne la fraternité l'impôt ne doit être perçu que sur le superflu des revenus. La subsistance du pauvre, de l'artisan est un bien sacré, il y aurait de l'inhumanité à y toucher. L'état n'a droit d'exiger du pauvre que son bras pour le servir.

D. Quels sont les droits que la fraternité confère au citoyen?

R. La fraternité confère le droit au travail, à l'éducation et à l'assistance.

mais ils l'ont dégradée et avilie par des pratiques superstitieuses et des cérémonies ridicules qu'ils ont empruntées aux antiques religions des divers peuples chez lesquels s'est implanté le christianisme.

D. Dans quel livre apprend-on la véritable religion du Christ ?

R. Dans l'Évangile.

D. Qu'est-ce que l'Évangile ?

R. C'est le livre le plus révolutionnaire qui ait paru.

D. Qu'est-ce qu'il prêche ?

R. L'affranchissement des peuples.

D. A quoi peut se résumer toute sa doctrine ?

R. A ces trois mots : Liberté, Égalité, Fraternité.

D. Les prêtres l'entendent-ils en ce sens ?

R. Non, mais il faudra bien qu'ils ouvrent les yeux à l'évidence, qu'ils abandonnent la vieille routine et qu'ils suivent le mouvement qui est imprimé. L'égalité du citoyen devant Dieu et devant la loi, l'abolition des privilèges, l'anéantissement de la tyrannie sont l'ouvrage du christianisme. Jamais il ne peut se montrer avec plus de confiance, jamais il ne fut plus près de conquérir l'empire du monde qui lui a été promis.

D. Quel est le devoir du prêtre?

R. De se mettre franchement à la tête du mouvement, au lieu de le suivre comme par force, de déposer le vieux bagage dont il s'est chargé dans un temps de féodalité et d'ignorance, de propager les idées évangéliques sans restriction ni réserve, de renoncer à toutes ces pratiques absurdes qui ne peuvent soutenir l'examen de la raison et qui n'ont d'autre but que l'intérêt, de prêcher la liberté et non l'esclavage, de chercher à élever la dignité de l'homme et non à la rabaisser comme par le passé, enfin de se considérer comme citoyen de l'état au lieu de s'isoler et de vouloir former une classe à part.

D. Si les prêtres s'obstinaient à fermer les yeux, s'ils cherchaient à enrayer le char révolutionnaire, la république devrait-elle intervenir dans les affaires religieuses?

R. La mission de la république est de propager les lumières; cette mission est sainte, elle doit triompher de tous les obstacles, et le prêtre qui voudrait l'entraver doit être suspendu de ses fonctions.

D. En proclamant la liberté des cultes la république leur donne-t-elle une latitude sans bornes ?

R. Non certes. La liberté ne leur est accordée que sous la condition de respecter les lois fondamentales de la société, les droits imprescriptibles du citoyen et l'indépendance de tous les membres de la famille humaine.

D. Il serait donc bien difficile dans une république d'établir le redoutable tribunal de l'inquisition ?

R. Il est honteux pour l'espèce humaine qu'elle se soit laissée asservir à ce point ; il est plus honteux encore pour le christianisme d'avoir élevé des autels aux inventeurs de cette boucherie de chair humaine, de ce tribunal exécrable qui couvrit le monde de sang et de ruines. Espérons que la terre ne sera plus souilleé par de tels forfaits, par de telles abominations. Dans une république nul n'est tenu de rendre compte de ses croyances religieuses. Pourvu qu'il observe les lois de l'état chacun est maître de servir Dieu à sa manière. Le sanctuaire de la conscience est impénétrable, et ne doit être ouvert qu'à l'être suprême.

D. L'état doit-il salarier les ministres des cultes ?

R. Non.

D. Pourquoi ?

R. Parce qu'il serait injuste et tyrannique de forcer un citoyen à contribuer pour sa part au salaire d'un ministre qui prêcherait une religion en laquelle il n'aurait point foi, qui enseignerait une doctrine qu'il ne saurait admettre.

D. Qui doit payer les ministres des cultes ?

R. Ceux qui ont recours à leur ministère, ceux qui croient à leur doctrine, ceux qui sont convaincus de la divinité de leur mission,

D. Citez-nous l'exemple d'un citoyen à qui il serait fait injustice de le faire contribuer pour le salaire de quelque ministre ?

R. Il serait fait injustice à celui qui rejette la mission du prêtre, à celui qui ne voit en eux que des impies qui se sont substitués à Dieu même, à celui qui ne peut admettre aucun intermédiaire entre Dieu et l'homme, à celui qui ne demande aucun homme d'affaires pour régler ses comptes avec Dieu, à celui qui rit de la simplicité des prêtres et de ceux qui les écoutent, à celui enfin qui ne reconnait sous le ciel qu'une religion, la même pour tous les hommes, la seule raisonnable, la seule admissible, la religion naturelle.

D. Croyez-vous que cette religion ait beaucoup de sectateurs ?

R. Oui.

D. Quels sont-ils?

R. Les gens éclairés, ceux qui ne se font point un Dieu semblable à eux-mêmes, irascible, capricieux et changeant comme un enfant; mais qui ont de l'être suprême cette idée de perfection et d'immuabilité qui exclut tout changement, tout retour sur ses œuvres.

D. Quels sont les principaux devoirs relieux du vrai républicain?

R. L'adoration de l'être suprême, la fidélité à observer ses lois et un saint zèle pour détruire l'idolatrie qui, sous mille formes diverses, reparait toujours dans le monde.

D. Que faut-il faire pour adorer Dieu?

R. Il faut le reconnaître pour l'auteur de toutes choses, pour le dispensateur de tous les biens, pour le conservateur de toute la création, pour le rémunérateur de la vertu et le vengeur du crime. Il faut le glorifier et le bénir comme la source de toute justice et de toute vérité. Il faut le louer de sa bonté et de son amour pour nous.

D. L'homme est-il seul à adorer Dieu?

R. Non. La nature tout entière célèbre son auteur. Le jour l'annonce à la nuit et la nuit au jour. Le soleil et les étoiles publient sa grandeur et sa magnificence. La terre, parée comme une riche épouse, lui offre le parfum de ses fruits et de ses fleurs. Les oiseaux la glorifient par l'harmonie de leurs concerts, et la mer l'adore dans le murmure de ses flots.

D. Ne devons-nous adorer que Dieu?

R. Il n'y a d'autre Dieu que Dieu, et lui seul mérite nos hommages.

D. Que pensez-vous du culte que l'on rend, dans la religion chrétienne, à la sainte vierge et aux saints?

R. Ce culte est ridicule. On prie la sainte vierge et les saints qui ne peuvent ni entendre ni deviner nos prières (et qui, lorsmême qu'ils en auraient connaissance, ne pourraient les exaucer, car toute puissance appartient à Dieu, et il est absurde de supposer qu'il veuille la partager avec ses créatures comme pour se décharger d'une partie du gouvernement. Il suffit à tout par son immensité et jamais il n'invoqua l'aide d'un misérable mortel. Il est le seul maître que nous devions craindre et servir. Il est seul celui qui est, c'est-à-dire, l'être par excellence, l'être souverain duquel découle la vie. Il est cet être incompréhensible que tout homme devine, que toute la nature annonce, mais sans pouvoir le nommer. Il gouverne les astres, il maîtrise les tempêtes, il commande aux flots, il dispense la lumière et la vie. Toute créature n'existe que par lui et lui doit ses hommages.

D. Quelles sont les lois de Dieu ?

R. Ce sont les lois naturelles qu'il a lui-même gravées dans nos cœurs.

D. Que nous prescrivent ces lois ?

R. De faire le bien et d'éviter le mal.

D. Comment pouvons-nous distinguer le bien du mal ?

R. Par la raison que Dieu nous a donnée pour nous servir de guide.

D. La raison est-elle un guide infaillible?

R. Oui. C'est le seul que nous devions suivre.

D. Que devons-nous penser de ces prêtres qui nous demandent le sacrifice de notre raison?

R. Qu'ils sont des imposteurs, parce que s'ils ne voulaient nous enseigner que la vérité ils n'auraient pas besoin de faire taire la raison qui est la lumière que Dieu à mise en nos mains pour guider au sein des ténèbres.

D. Comment la raison nous apprend-elle que la loi naturelle est la loi de Dieu?

R. Parce que seule elle est universelle et invariable.

D. Comment est-elle universelle?

R. Parce qu'elle convient à tous les peuples de la terre, sans distinction ni de castes ni de sectes; parce qu'elle embrasse seule tout ce qui intéresse la religion et l'état social; parce qu'elle peut suffire seule à rendre les hommes heureux.

D. Comment est-elle invariable?

R. En ce qu'elle ne reçoit aucune modification ni des temps ni des lieux; en ce qn'elle est toujours une, toujours la même imposant à tous les hommes les mêmes devoirs.

D. Comment reconnaissez-vous à ces

deux caractères que la loi naturelle est la loi de Dieu?

R. Tous les hommes étant égaux devant Dieu, tous étant ses enfants, il était de sa justice de les assujétir aux mêmes devoirs.

D. Quelle différence y a-t-il de la loi naturelle aux lois humaines?

R. La loi naturelle est une comme Dieu même, elle n'admet aucune exception, elle est pour tous, tandis que les lois humaines ne sont applicables qu'à un certain nombre d'individus d'un pays, d'une cité, qu'à quelques peuples; les unes condamnent ce que d'autres approuvent et récompensent ce que d'autres punissent, ce qui est bien dans un pays pouvant être mal dans un autre.

D. Qu'entendez-vous par le zèle à détruire l'idolâtrie?

R. J'entends un vifs désir de faire triompher la vérité sur l'erreur, de détruire la superstition et de faire connaître Dieu tel qu'il est, et non tel que nous l'ont dépeint des charlatans, des visionnaires et des ambitieux : colère, vindicatif, bisarre, changeant, n'écoutant que son caprice, se laissant fléchir par des prières, par des présens; tel enfin que les prêtres audacieux qui ont osé se mettre à sa place?

D. Quels moyens faut-il employer pour détruire l'idolatrie?

R. On ne doit employer que ceux de la persuasion. Dieu a donné la liberté à l'homme, ce n'est pas à l'homme à la lui enlever. La raison et le bonsens prêchent la tolérance, et celui-là serait un insensé qui voudrait établir ou réformer une religion par la force. Sans conviction point de foi, et sans foi point de religion. Or la conviction ne s'établit que par le raisonnement. Le règne de la vérité doit donc s'établir par la parole. Des guerres de religion sont à l'avenir impossibles. Le fanatisme religieux essayerait en vain de renaître, il serait étouffé par les lumières et la civilisation. Le règne de l'erreur touche à sa fin et une ère toute nouvelle s'ouvre pour le genre humain. La vérité se fait jour du sein des ténèbres; saluons-la avec transport et travaillons de toutes nos forces à son triomphe. Ne perdons pas une occasion de combattre la superstition. Il y a trop de siècles que des charlatans et des ambitieux s'en servent pour exploiter la société. L'heure de l'émancipation politique et religieuse des peuples a sonné, un nouveau jour va luire pour le genre humain, levons-nous tous et asseyons la société sur ses véritables bases, sur la liberté, l'égalité et la fraternité. Le moment solennel est venu où tout homme de conviction doit travailler de corps et d'âme à l'affranchissement des peuples. Formons une sainte croisade, non plus comme autrefois, pour aller conquérir la vaine poussière d'un tombeau et les tristes ruines d'une antique cité, mais pour renverser de fond en comble cet édifice monstrueux où les prêtres et les rois tiennent captives l'intelligence et la raison humaines et pour rétablir Dieu et l'homme dans leurs droits qui leur avaient été usurpés.

D. Qui a usurpé les droits de Dieu ?

R. Les prêtres ; comme les rois ont usurpé les droits de l'homme.

D. Comment les prêtres ont-ils usurpé les droits de Dieu ?

R. En s'arrogeant des pouvoirs qui n'appartiennent qu'à Dieu ; en s'interposant entre Dieu et l'homme ; en donnant à leurs prières et à leurs pratiques des vertus qu'elles n'ont point ; en s'établissant juges suprêmes du bien et du mal, maîtres absolus d'absoudre ou de condamner ; en s'emparant des clefs du ciel et de l'enfer : en réduisant le rôle de Dieu à celui de nos rois fainéants d'autrefois, c'est-à-dire en le détrônant pour régner à sa place.

D. Les prêtres nous donnent-ils une véritable idée de Dieu ?

R. Non. Ils en font un être partial, changeant, colère, vindicatif, avide de flatteries, exigeant une soumission abjecte et n'ayant pour règle que son bon plaisir, c'est-à-dire en tout point semblable à eux-mêmes.

D. Citez-moi quelques uns des points de la doctrine des prêtres qui sont les plus injurieux à Dieu.

R. La doctrine de la prédestination est un des plus grands blasphêmes contre sa justice. Comment en effet supporter qu'un Dieu juste, qu'un père souverainement bon appelle les uns et rejette les autres? Comment supposer qu'il n'ait pas des entrailles de père pour tous ses enfants ? Comment supposer qu'il veuille semer la jalousie parmi eux ? Tous les hommes sont égaux devant lui; tous ont les mêmes droits à son héritage; nul n'a été exclus d'avance de son patrimoine; nul ne peut être chassé de la maison paternelle s'il ne s'est rendu indigne de l'habiter.

L'usage de prier pour les morts suppose

que Dieu est injuste. Si les messes peuvent ouvrir les portes du ciel que deviendront les pauvres, car tout le monde sait que les messes ne se disent pas gratis, mais qu'au contraire plus elles coûtent, plus elles valent. Avares, entassez de l'or, voleurs et usuriers, remplissez vos bourses, le royaume des cieux est à l'encan. Et vous, hommes vertueux, qui ne savez rien garder quand vous voyez vos frères qui souffrent; vous, amis de l'humanité, qui ne songez à thésoriser que des bonnes œuvres; vous, malheureux pauvres, qui n'avez comparu au banquet de la vie que pour en savourer toute l'amertume, malheur à vous si vous tombez en un lieu que l'on appelle purgatoire : vous n'aurez point laissé de l'argent pour qu'on vous dise des messes, et il n'y a que des messes et de messes bien payées qui puissent vous en retirer. Qui se serait douté que le pouvoir de l'argent s'étendit si loin. Il est bien vrai de dire que la clé d'or ouvre toutes les portes.

Si l'usage de prier pour les morts qui est une mine si féconde pour les prêtres est injurieux à Dieu, que dire des indulgences? C'est ici que le charlatanisme semble avoir épuisé tout son génie. Un pape, des évêques et des prêtres s'arrogent hardiment le droit de vous pardonner d'avance, de vous absoudre pour des péchés que vous n'avez pas encore commis. Vous pouvez vous faire un trésor de miséricordes, une réserve de grâces, et cela de la manière la plus simple. (Je ne dirai pas la plus utile à la société.) Vous aurez d'abord une confiance aveugle au pouvoir de celui qui vous accorde les indulgences, car il le fait au nom de Dieu quoiqu'il ne vous dise pas en quel lieu il lui a donné cette commission. Puis, sans raisonner, car les raisonnements ne valent rien en matière de religion, vous vous soumettez à certaines pratiques plus ou moins ingénieuses, comme, par exemple, de réciter cinquante, quatre-vingt, cent fois et plus la même prière en cas que Dieu ou sa mère ne l'entendissent, de porter sur vous en forme de besace deux chiffons de laine appelés scapulaire et qui ont la vertu de tenir le diable à une distance respectueuse de votre personne. Avec ce talisman au cou et un bon chapelet à la poche, surtout s'ils ont été bénis, vous pouvez voyager en toute assurance, vous ne pouvez aller qu'au ciel, quelle route que vous preniez, et vous y arriverez avec un excédant d'indulgences dont vous pourrez faire part à vos amis.

Aveugles mortels qui croyez à ces absurdités, quelle idée vous faites-vous de la justice et de l'immuabilité de Dieu ? Quel esprit de contradiction vous guide ? Ne voyez-vous pas que ces hommes qui se disent les confidents de Dieu vous trompent ? Ne voyez-vous pas que toute leur doctrine ne s'appuie que sur le mensonge ? Ne voyez-vous pas qu'ils vous prêchent un Dieu fait à leur image ? Ils vous disent que Dieu est incompréhensible, et, par la plus évidente des contradictions, ils prétendent l'expliquer jusqu'à découvrir en lui trois personnes distinctes qui cependant ne sont qu'un Dieu. L'une de ces personnes est son fils qui est aussi ancien que son père et plus vieux que sa mère. N'est-ce pas insulter au bon sens et à la raison ? Ils vous disent que Dieu est immuable et par leurs prières et par leurs pratiques ils prétendent le changer. Ils le disent impartial et juste et cependant ils cherchent à le corrompre par des offrandes. O insensés, ils ont donné à Dieu, à la souveraine sagesse, toutes les passions des mortels. Ils l'ont fait bizarre, capricieux, inconstant, sujet au repentir et à la colère. Ils l'ont dit un bon père et ils nous le représentent joyeux de voir ses enfants exténués de jeûnes et de mortifications, souffrir la faim et la soif. Si la raison humaine se révolte contre tant de contradictions, ils la disent impuissante et crient au mystère.

O hommes ignorants et crédules, quand donc aurez-vous une juste idée de l'être suprême, de ce pouvoir souverain et mystérieux qui dirige la nature par des lois éternelles et immuables, et qui dispense d'une main libérale ses bienfaits à tous les humains, sans distinction de sectes ni de partis. Quand saurez-vous comprendre sa justice et son amour ? Quand cesserez-vous de l'outrager en le rabaissant à votre misérable condition ?

D. Donnez-nous une véritable idée de l'être suprême ?

R. L'être suprême que tous les peuples, que tous les hommes ont adoré et adorent sous des noms si divers et par des cultes si opposés, est l'auteur de tout ce qui existe, le maître souverain de la nature. Père infiniment bon et impartial, il étend également sa sollicitude sur toutes les créatures. L'Indien, le Chinois, le Tartare, l'Européen et l'Asiatique, l'Affricain et l'Américain, le blanc et le noir, tous les hommes lui appartiennent. Il fait luire le soleil pour

Il y a, je n'en puis douter, deux vies en moi. L'une repose sur les sens, l'autre sur les idées. Celle qui repose sur les sens est périssable comme la matière qui la constitue, mais celle qui repose sur les idées est immortelle comme elles. La matière périt, nous en voyons la preuve à tous les instants, c'est une vérité qui tombe sous nos sens ; mais l'imagination, la mémoire, le génie ne peuvent périr, ils plânent au-dessus de la mort et s'envolent dans l'éternité.

D. Comment prouvez-vous l'immortalité de l'âme par l'idée de justice que la raison nous donne de l'être suprême ?

R. La raison nous représente l'être suprême réunissant toute sorte des perfections ; il est donc souverainement juste et le sort de l'homme bon ne peut point être confondu avec celui du méchant : il faut que l'un soit récompensé et l'autre puni. Partant de ce principe qui est incontestable examinons si, sans admettre la vie future, nous pouvons justifier la providence. Le mérite est-il toujours récompensé, la vertu est-elle toujours en honneur ? L'hypocrisie ne trompe-t-elle pas les hommes, le méchant n'échappe-t-il jamais à la vindicte des lois ? Rien de tout cela : les plus grands coupables savent se soustraire le plus souvent aux poursuites de la justice, les hommes doubles, dissimulés et trompeurs supplantent presque toujours par leurs intrigues, par leurs adulations et par leurs bassesses les citoyens les plus dignes, l'homme vertueux et sage est souvent réputé un insensé, et l'insulte et l'ironie le dégouteraient de ses devoirs si l'espérance ne lui montrait le terme que son cœur désire et si la raison ne venait le confirmer dans l'attente de l'immortalité. La terre semble appartenir aux méchants. Les intrigants, les ambitieux se disputent les charges et les emplois, les avares et les usuriers accumulent des trésors tandis que le sage passe comme un exilé qui ne soupire que pour sa véritable patrie.

En vain vous chercherez le règne de la justice sur la terre : vous y verrez le juste calomnié et persécuté languir dans l'infortune, tandis que le méchant s'enivre au sein des voluptés. Où trouverez-vous donc cette justice que votre raison annonce, que votre cœur désire ? Ah ! oubliez un moment les embarras de votre vie mortelle et élevez votre pensée jusqu'au ciel : c'est là que réside toute justice, c'est là que Dieu rend à chacun selon ses œuvres, c'est dans la vie future qu'il s'est réservé de punir ou de récompenser.

La vie de l'homme sur la terre n'est qu'un noviciat de la vie éternelle. Pendant ce temps d'épreuve et de préparation l'être suprême semble se démettre de sa puissance pour laisser l'homme dans une entière liberté. Il le laisse libre de faire le bien ou le mal, de mériter ou de démériter. De là tant de crimes, tant de désordres, tant de forfaits qui nous portent quelquefois à murmurer contre la providence qui ne s'y oppose pas et qui semble tout abandonner au hasard, parce que insensés que nous sommes nous ne comprenons rien aux lois immuables de sa sagesse, parce que notre aveuglement est tel que nous ne savons pas voir que sans le libre arbitre il n'y aurait ni bien ni mal, ni crime ni vertu, ni mérite ni démérite, et par conséquent ni châtiment ni récompense.

Oui il y a une vie future; mon imagination l'entrevoit, mon cœur la désire, ma raison la proclame et mon âme impatiente s'y transporte déjà par la pensée. C'est-là que seront mis au grand jour les secrets des consciences, c'est-là que comme un miroir fidèle les hommes seront vus tels qu'ils sont, c'est-là que l'hypocrisie sera démasquée et que l'humble vertu jusqu'alors méconnue brillera de tout son éclat, c'est-là que règnera la justice pour récompenser les bons et punir les méchants.

D. Comment prouvez-vous l'immortalité de l'âme par l'assentiment de tous les peuples ?

R. C'est un fait incontestable que le dogme de l'immortalité de l'âme règne de toute antiquité. Nous les trouvons dans l'Inde, en Égypte, en Grèce, en Italie, dans les Gaules, chez tous les peuples. Tous les législateurs s'en sont emparés pour donner plus de force, plus d'autorité à leurs lois, à leurs institutions. Toutes les religions ont eu leurs champs élisées et leur tartare pour récompenser les héros et punir les scélérats. Chose digne de remarque toutefois, le judaïsme, cette religion la seule réputée divine et sur laquelle est enté le christianisme, a seule dans son origine méconnu ce dogme consolateur. Moïse, cet homme qui fut le plus grand ou peut-être le plus charlatan des hommes, ne nous a rien laissé dans ses immortels écrits qui puisse nous faire soupçonner qu'il ait cru à l'immortalité de l'âme. Ses lois se rattachent uniquement à la vie présente ; il